द मिशन ऑफ सक्सेस

राधिका कुमारी

क्रम-सूची

प्रस्तावना

About

    I am Radhika kumari i was born in jharkhand at khunti district my schooling journig is start form ST.ANNA'S G.T.D.M
HIGH SCHOOL KACHABARI and currently i am pursuing B.Tech in mycomputer science & Engineering from IES College of technology bhopal
my father's Name is Mr. Paribal Mahto and mother's Ms.Karmi Devi which is
home maker, and my father is a farmmer, my hobbies are writting book ,teaching and making project.

Auther: Radhika Kumari Guidence:Mr. Rajesh Mahto
Daughter of Mr. Paribal Mahto
khunti jharkhand (835210)
Email:- anjalgirl988@gmail.com

भूमिका

This book is not only book , It's part of life becouse all emotion has cantain in this book and i hope that if you will be
read this book i sure ,You feel batter than previous life ,This book contain all kind of motivational story which is requiare
for the life and you also help to achieve the goal, you know onethink everyone has need of motivational story which is help
to get a batter way of life, and i want to say everyone , Never loss your patience and always keep should be trying and
never damn your luck, Belive yourself evrythings is possible be confidance,

Never say that my time will come , but bring your time own time, Every morning brings a new thing for you ,if you need
only to understand, so update yourself and always be happy

I have only one reason for writing this book becouse i have realized problem of the people i seen the situation that's why i
written the motivational book , and I think it's need the people , this book have real-life solution's problem.

If you are preparation any kind of Examination the you can visit my youtube channel
https://www.youtube.com/channel/ UCHAirh8CzrDrEZLc9xB5tSQ

Than you

Radhika kumari :- author

आमुख

1. अगर जिंदगी में कुछ करना हो, तो सबसे पहले इन बातों को दिमाग से निकाल दें-

- मेरे किस्मत में ही नहीं है
- लोग क्या कहेंगे
- आज काम करने का मन नहीं है अपने काम को कल पर टालना बंद करें!
- अभी मेरे पास वक्त नहीं है

2. हम मिडिल क्लास वाले लोग हैं जनाब....
हमें किसी मोटिवेशनल वीडियो या स्टोरी की जरूरत ही नहीं पड़ती क्योंकि हमारा फाइनेंसियल कंडीशन ही हमें अपने लक्ष्य को कभी भूलने नहीं देती! !

3. क्यों करते हो दूसरों के पीछे समय बर्बाद
मेरा कहना मानो ,
खुद के सपने के पीछे इतना भागों, की
एक दिन तुम से मिलना लोगों का सपना बन जाए!!

∾

∾

4. अगर हारने से डर लगता है, तो
जीतने की कोई उम्मीद मत रखना |
क्योंकि आप जीतने से पहले ही हार चुके हो!

∾

∾

5. जिस मोड़ पर सब का हीमत टूट जाता है यकीन मानो,
उसी मोड़ से, इतिहास रचने वालों
की कहानी शुरू होता है!!

∾

∾

6. क्यों डरते हो समाज के तानों से ,
बस इतना याद रखना|
सफलता पाने के लिए
अकेले ही लड़ना पड़ता है ,
एक दिन सफल बन जाओ, फिर यही बहरूपिया पूछेंगे
अरे भाई, यह सब कैसे किया??

∾

∾

7. इस दुनिया में ऐसी कोई मंजिल नहीं ,
जहां तुम पहुंच ना सको ....

बस मेहनत और लगन की जरूरत है!!

❧

❧

8. जिंदगी में हारता वही है,
जो कभी लड़ता नहीं

❧

❧

9. जब भी तुम्हारा हौसला आसमान
तक जाएगा ,
याद रखना कोई पराया नहीं, अपने ही
पंख काटने जरूर आएगा!!

❧

❧

10. याद रखो, अगर तुम बड़े सपने देख लिए हो, तो
वहां पहुंचने तक लोगों के ताने भी आएंगे और कई कठिनाइयां भी , बस
तुम इतना ही करना चेहरे पे हमेशा छोटी सी मुस्कान लिए उन
कठिनाइयों से कह देना,
ए मुश्किल , तुम्हें तो बाद में देख लूंगा,
पहले ऊंचाइयों को तो छू लेने दो!!

❧

❧

11. अगर किसी गलत चीज का लत लग जाए, तो

उससे पहले ही उस पर लगाम लगा दो, नहीं तो लत इतनी खराब बन जाएगी कि एक दिन वही आपका पहचान बन जाएगा और जिंदगी भर पछतावे के सिवाय कुछ नहीं रह जाएगा!!

12. बड़े-बड़े सपने तो सभी लोग देखते हैं लेकिन असली सपना उसे ही कहते हैं जो सपने केवल देखते नहीं उसे पूरा करने के लिए रात-दिन एक करके एक सफल इंसान बन जाते हैं!!

13. एक बात कहूं, दुनिया के लिए नहीं, बस खुद के लिए अपने आप से एक वादा जरूर करना, जहां तुम गलत ना हो वहां कभी सर मत झुकाना, चाहे दुनिया तुम्हारे बारे में कुछ भी कह ले

14. अगर आपके पास यह चीजें हैं तो आपको सक्सेस होने से कोई नहीं रोक सकता है-

- किसी चीज को पाने की जुनून
- मेहनत करने से ना डरना
- त्याग
- फेल होने के बाद भी मेहनत करना छोड़ ताना हो
- धैर्य
- अपने आप में भरोसा हो
- समय का सही उपयोग करना जानता हो

15. कभी भी अपने आप को
दूसरों से कमजोर मत समझना क्योंकि,
जो आप कर सकते हो ,
उसके बारे में कोई सोच तक नहीं सकता!!

16. अगर ठान लिए हो कुछ करने का तो उसे पाने के लिए जान तक
लगा दो कल पर डालते रहोगे तो क्या पता कोई उस सपनें को पूरा कर
चुका होगा!!

17. जिंदगी में जितना रिस्क लोगे उतना ही आगे जाओगे मैं तो कहूंगी
अपने सपने को पूरा करने के लिए जहां जरूरत पड़े रिस्क उठा लो ताकि
तुम इतनी ऊंचाइयों को छू लो कि एक दिन तुम्हारे नाम का इतिहास
लिखा जाए

18. सलाह तो तुम्हें हर
किसी से मिल जाएगी, पर
खुद का मंजिल तो ,
तुम्हें ही तय करना होगा!!

⌒⌒

⌒⌒

19. तुम्हें जो पसंद है वही करते रहो
जिंदगी में जीत और हार तो
एक ताश के खेल की तरह है!!

⌒⌒

⌒⌒

20. हालात चाहे जैसी भी है
कभी हार मत मानना
क्या पता कौन सी सुबह
सफलता का दरवाजा खोल दे!!

⌒⌒

⌒⌒

21. सबसे आगे बढ़ने की होड़ में इतना भी अंधा मत हो जाना कि अपने
ही दूर छूट जाएं!!
कि दूर-दूर तक कहीं नजर तक ना आए! मेरे दोस्त पैसा तो आते जाते
रहेंगे! पर अपने कभी लौट के नहीं आएंगे!!

⌒⌒

❧

22. आज रातों से लड़ रहा हूं , तो कल सुकून भी आएगा! खुदा तो मेरा
भी है आखिर कब तक रुलाएगा!!
आज दुख में हो तो कल खुशी भी आएगा खुदा तो मेरा भी है आखिर कब
तक रुलाएगा

❧

❧

23. गीता का ज्ञान है जिसे हमेशा याद रखना "तू खुद की खोज में
निकल कमजोर तेरा वक्त है तो नहीं"
24. याद रखना मंजिल की एक रास्ते बंद हो जाए तो दूसरे अपने
आप खुल जाती हैं ! बस नजरिया की जरूरत होता है! पक्षियों को भी
उड़ान भरने के लिए घौंसला से निकलना पड़ता है! सफलता डर से नहीं
हिम्मत से मिलता है!!

❧

❧

❧

25. हम वही लड़के हैं जनाब....
जो आंखों में हजारों सपने लिए घर परिवार वालों से मीलों दूर रहते हैं !
एक छोटा सा कमरा को ही अपना महल मान बैठते हैं! कौन कहता है
कि हम लड़के अपने बाप के पैसे से ऐश करते हैं! कभी आओ हमारे भी
हाल चाल पूछने दाल चावल चोखा और सूखी रोटी से ही भूख मिटा लेते
हैं!!

26. आज के इस दिखावे और सोशल मीडिया के युग में भगवान से बस मेरी यही प्रार्थना है किसी को इतनी भी गरीब मत बनाओ कि वह किसी के आगे हाथ फैलाए हे प्रभु आज की सी योग में लोग जितना खाने को नहीं देते उतना दुनिया को दिखाते हैं

27. एक बात कहूं , ना लड़के/ लड़कियों के पीछे भागो और ना ही मतलबी दोस्तों के पीछे भागो सिर्फ कामयाबी के पीछे भागो कामयाबी मिल जाए तो सब लोग तुम्हारे पीछे भागेंगे बस कामयाबी पाने के लिए पागल बन जाओ

28. लोगों के ताने कभी खत्म नहीं होती और हमारा फाइनेंसियल कंडीशन एवं आंखों में हजारों बसे सपने कभी अपने लक्ष्य को भूलने नहीं देते

29. कौन कहता है कि सारी दुनिया आपसे खुश होगी अरे जनाब यह तो कलयुग है यहां तो माता सीता पर भी उंगलियां उठाया गया था तो तुम क्या चीज हो इसलिए इतना कामयाब जरूर होना ताकि दुनिया ना सही तुम्हारे मां-बाप एक दिन तुम पर गर्व करें और कहे कि तुम मेरे बेटे हो इसमें हमें गर्व है!!

30. कौन कहता है कि केवल बेटियां ही घर छोड़ती है हम लड़के भी जनाब परिवार चलाने के लिए सालों साल घर से कोसों दूर रहते हैं! कभी मां के हाथ से बनी रोटी तो कभी पापा का प्यार बहुत याद आती है! लेकिन क्या करें सपने जो पूरा करना है!!

31. एक बात कहूं अपना सीक्रेट ना अपने करीब से करिब इंसान को भी भूल कर मत बताना क्योंकि जब आप पर दुखों का पहाड़ गिरती है ना तो वही मुखौटा पहनाकर करीबी पीठ पीछे खंजर भोक्ता है अर्थात बुरे समय का फायदा उठाता है

32. जनाब मेहनत बस इतना करो कि तुम एक काबिलियत इंसान बन सको! नौकरी के पीछे कभी मत भागना क्योंकि एक करोड़पति का नौकर बनने से कहीं ज्यादा अच्छा है, कि खुद का बिजनेस करके लाख पति ही सही खुद का मालिक बने!!

33. नौकरी के पीछे भागने वाली पूरी जिंदगी भर एक नौकरी बन कर रह जाता है! लेकिन एक सफल बिजनेसमैन पूरी दुनिया पर राज करता है!!

34. एक सफल इंसान बोलकर नहीं करके दिखाता है ! अगर आप सच में सफल इंसान बनना चाहते हैं तो बोलने से पहले करके दिखाओ!!

35. कामयाबी उन्हीं को मिलती है जिनके सपनों में जान होती है पंखों से कुछ नहीं होता हौसलों से उड़ान होती है!!

36. दूसरों के आगे खुद को इतना भी मत झुकने दो, कि एक दिन उनके आगे तुम्हारा कोई अहमियत तक ना रह जाए क्योंकि जनाब लोग तो टूटे हुए भगवान के मूर्ति तक घर से निकाल देते हैं

37. हम मिडिल क्लास वालों में बहुत अच्छी बातें होती है, जब हम किसी चीज को ठान लेते हैं कि हमें यह करके दिखाना है! तो चाहे कितनी भी बड़ी मुश्किल परिस्थिति क्यों ना जाए, अपने चेहरे में छोटी सी मुस्कान देकर कहते हैं ए मुश्किलें थोड़े बाद में आना अभी तो मुझे

अपने सपनों को पूरा करना है!!

❦

❦

38. यार स्कूल कॉलेज के रिजल्ट के प्रतिशत के पीछे कभी मत भागो!
क्योंकि कॉलेज के बाद कोई तुमसे प्रतिशत नहीं पूछेगा और ना ही किसी को तुम्हारा प्रतिशत याद रहेगा याद रखो तुम्हें जो स्किल है वही तुम्हें पहचान दिलाएगा!

❦

❦

❦

39. क्यों डरते हो लोग क्या कहेंगे समाज वाले क्या सोचेंगे, मैं बता दूं यह तो गिरगिट है जनाब आप पहले सफल इंसान तो बन जाओ हमें पहले से ही पता था कि एक दिन ये ऊंचाइयों को जरूर छू लेगा यही लोग बोलने आएंगे

❦

❦

40. एक बात कहूं एक सफल इंसान बनने के लिए दुनिया में किसी से भी डरने की जरूरत नहीं है! जिंदगी तुम्हारी है किसी और की नहीं, अगर इरादा पक्का हो तो रास्ते में आ रहे हर रुकावटें से लड़ जाना बस नियत अच्छा हो!!

❦

❦

41. क्यों दुखी होते हो किसी के छोड़ जाने से! साहब अपने आप को इतना परफेक्ट बना डालो कि वही लोग तुम्हारा एक दिन एक झलक देखने के लिए तरस जाए!!

☙

☙

42. पता है कि एक लड़की को अपने ही सपने को पूरा करने के लिए अगर परिवार वाले साथ ना दे तो समाज के साथ-साथ अपने ही परिवार वालों से लड़ना पड़ता है!!

☙

☙

43. हम मिडिल क्लास वालों की जिंदगी इतनी भी आसान नहीं होती है जनाब! खास करके तो विद्यार्थी जीवन, कुछ इस कदर हमें बेशर्म बना डालती है कि क्या कहूं पेट में भूख और बिजनेस बनाएं यह एजुकेशन सिस्टम हमें कहीं के नहीं छोड़ती!!

☙

44. जहां तुम्हारी जरूरत ना हो! वहां कभी मत जाना,
जो तुम्हारी बात की कोई अहमियत ना दे उसे कुछ कहना मत!!

45. मैं कर सकता हूं ,यह आत्मविश्वास है! केवल मैं ही कर सकता
हूं, यह अंधविश्वास है!!

46. अगर कोई शांत रहता है तो कभी मत सोचना कि वह तुमसे कमजोर है, याद रखो वही लोग इतनी ऊंचाइयों पर जाते हैं कि एक दिन उनके नाम पर इतिहास लिखा जाता है!!

47. कुछ लोग गर्लफ्रेंड- बॉयफ्रेंड बन कर प्यार में पागल हो जाते हैं! और अपनी पूरी कैरियर बर्बाद कर डालते हैं, तो वहीं कुछ लोग एक दूसरे का साथ कुछ इस कदर देते हैं कि आसमान की ऊंचाइयों को छू लेते हैं!!

48. बस आप अपने नजरों में हमेशा खुश रहना ! क्योंकी यहां तो लोग भगवान से भी नाराज रहते हैं!!

49. कभी भी अपने आप को दूसरों से कमजोर मत समझना क्योंकि जो आप कर सकते हो वो कोई आज तक सोचा भी नहीं होगा! !

50. जो तुम्हें हारते देखना चाहते हैं उनको बातों से नहीं ऊंचाइयों को छूकर दिखाओ क्योंकि लोग सुनना कम और देखना ज्यादा पसंद करते हैं!!

51. हम अकेले ही चलना पसंद करते हैं जनाब ना कोई आगे और ना कोई पीछे रह जाता है बस दिल में एक ही उम्मीद लिए रास्ते में चलते रहते हैं कि कोई धोखा तो नहीं देगा और एक दिन हम अपने मंजिल तक पहुंच जाएंगे!!

52. जिंदगी में रिस्क लेना सीखो! क्योंकि बिना रिस्क लिए सपने के साथ साथ पूरी जिंदगी अधूरी रह जाती है!!

53. जो इंसान गुस्सा को अपने में कंट्रोल करना सीख जाता है
यकीन मानो वे जीवन में कुछ भी हासिल कर सकता है!!

༄

54. मंजिल तक जाने में रास्ते चाहे कितने भी कांटों से भरे क्यों ना
हो रास्ते तो हमेशा पैरों के नीचे ही रहती है!!

55. अगर तुम कोई बड़ा अचीवमेंट पाना चाहते हो तो याद रखो रास्ते में कई कांटे भी आएंगे! और कई बार मन करेगा कि मेरे से नहीं होगा अपने आप से कह देना दुनिया में ऐसा कोई काटे नहीं जो मुझे मंजिल तक जाने से रोक सके "आई कैन डू इट"! !!

56. मोहब्बत करनी है, तो किताबों से करो इसके प्यार में इतना पागल हो जाओ, कि अगर यह बेवफा भी निकली तो एक काबिल इंसान बना कर छोड़ें!!

57. अगर हारने से डर लगता है तो जीतने की कोई उम्मीद मत रखना क्योंकि आप जीतने से पहले ही हार चुके हो!!

58. अगर ठान लो कुछ करने को तो लग जाओ पूरे दम से कल पर
टालोगे तो क्या पता कोई दूसरा उस सपने को पूरा कर ले

෴

෴

59. आज सपना देख लिया है तो कल मंजिल भी मिल जाएगी !
अगर आपका मेहनत सच्चा हो तो एक दिन सफलता जरुर मिल
जाएगी!!

෴

෴

60. जिंदगी ऐसे जियो जो खुद को पसंद आए
लोगों की पसंद तो हर पल बदलती रहती है!!

෴

෴

61. याद रखना सफलता एक दिन में नहीं मिलती है पर यह भी
याद रखना दिल साफ हो और लगन सच्ची हो तो एक दिन जरूर
मिलती है

෴

෴

62. हाई स्कूल का दिल ना बड़ी ही बदतमीज होती है हर हसीना
का मुस्कान दिल को लुभा जाती है जो इस अदाओं में फस गया यकीन
मानो जिंदगी तो नहीं कैरियर जरूर बर्बाद हो जाती है

෴

❦

❦

63. कहीं जाओ तो लोगों के बीच अपना कुछ अलग ही पहचान
बनाओ, ताकि लोग तुम्हारा वहां से जाने का नहीं!
फिर से आने का इंतजार करें!!

❦

❦

64. सामने हो मंजिल तो रास्ते ना मोड़ना जो भी मन में हो वो सब
करते जाना कदम कदम पर मिलेंगी मुश्किले बस सितारे चुनने के लिए
कभी जमीन मत छोड़ना!!

❦

❦

65. पूरी जिंदगी का सबसे ठोकर खाने वाला समय होता है
विद्यार्थी जीवन! इसीलिए तो इसका नाम है स्ट्रगल लाइफ!!

❦

❦

66. बड़े सपनों के लिए दिल की गहराई से काम करना पड़ता है, यूं
ही नहीं मिल जाती ,किसी को सफलता, इसके लिए मेहनत की आग में
रात दिन जलना पड़ता है और कई ठोकरें भी खाना पड़ता है

❦

❦

67. प्यार करना कोई बुरी बात नहीं बस प्यार करने वाला सच्चा हो अगर मिल जाए ऐसा प्यार करने वाला जो तुम्हारे रुह से नहीं कैरियर बनाने के लिए कदम से कदम मिलाकर चले तो यकीन मानो तुम दुनिया का सबसे खुशनसीब इंसान हो!!

68. जिंदगी शेर और लोमड़ी बनकर जियो किसी से डरने की जरूरत नहीं है शेर बनोगे तो किसी से डर के रहोगे नहीं और लोमड़ी बनोगे तुम एक कामयाब इंसान बनने के लिए जहां से भी ज्ञान मिले ले लोगे!!

69. जिंदगी खुलकर जीनी है, तो शेर बनकर जियो! बिना गलती किसी के आगे झुकने का जरूरत नहीं तुम जीतना झुकोगे याद रखना लोग तुम्हें उतना ही झुकाएंगे!!

70. मंजिल तक पहुंचने के लिए बुरे परिस्थिति से घबराना मत बुरे परिस्थिति ही एक ऐसा वक्त है जहां आपको हर परिस्थिति से लड़ने का समझ आ जाता है!!

71. आज अपने आप को झोंक दो सपने को पूरा करने के लिए
कल जब दुनिया के सामने उभरकर आओगे तो सबसे अलग ही
निखरोगे!!

৩১

৩১

72. किसी भी काम को करने में ,
खुद को सक्षम बना लेना
दूसरों पर जितना उम्मीद रखोगे
अंत में उतना ही दुख मिलेगा!!
73. उड़ान तो भरना है,
चाहे कई बार गिरना पड़े
सपनों को पूरा करना है,
क्योंकि खुद के साथ मां -बाप का इज्जत जुड़ा है!!

৩১

৩১

74. कभी मन में हार जाने का ख्याल आए,
तो उन लोगों को याद कर लेना
जिन्होंने कहा था तुमसे नहीं होगा!

৩১

৩১

75. दुनिया में खुद का पहचान बनाने के लिए
कोई असंभव सी बात को संभव कर के दिखा,
तो खुद ही तुम्हें पहचान लेगा दुनिया!!

৩১

76. इस दुनिया से तो सबको जाना है
लेकिन जाने से पहले कम से कम एक काम को
इतनी शिद्दत से करके जाना
कि मरने के बाद भी याद रखेगा दुनिया!!